AF404199

L'IMPUISSANCE DES 363

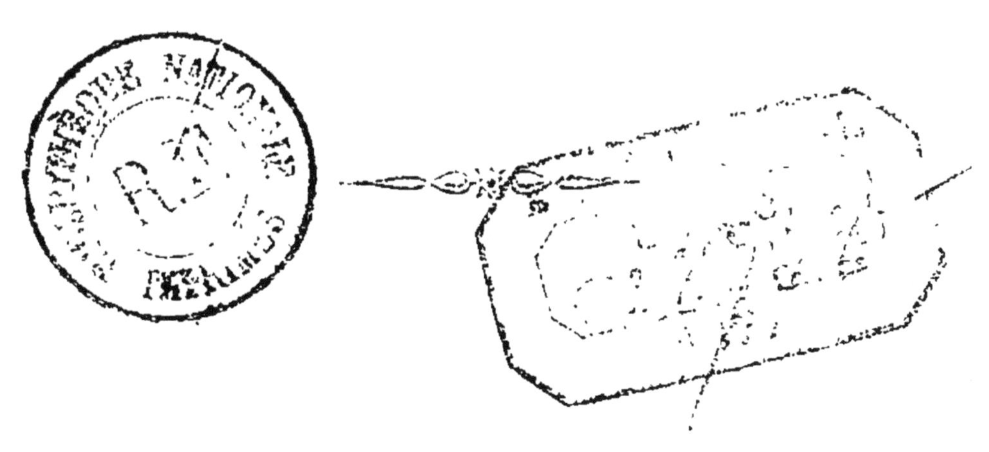

PARIS

FÉGHOZ, LIBRAIRE-ÉDITEUR

Rue des Saints-Pères, 5

—

1877

L'IMPUISSANCE DES 363

I

Le parti républicain a eu dans la Chambre une forte majorité. Il était toujours sûr d'obtenir la victoire dans le vote.

La question de la forme du gouvernement était hors de cause par le fait de la Constitution. Il n'y avait qu'à faire l'application. La discussion des questions politiques pouvait aisément être mise de côté. La Chambre avait donc toutes facilités pour s'occuper d'affaires sérieuses. L'occasion était propice pour les gauches, si elles avaient voulu donner à la prospérité publique un vigoureux essor et introduire dans notre législation les améliorations que l'intérêt du pays exige. Le rôle d'un Parlement véritablement soucieux de cet intérêt était tout tracé.

Car ce n'est pas la chasse au ministère qui constitue le devoir des représentants. L'idéal pour un peuple n'est pas de voir quelques politiciens, mus par l'ambition personnelle, se disputer le pouvoir, changer des fonctionnaires, satisfaire leurs amis, et laisser libre cours ensuite au règne de la bureaucratie, sans essayer aucune réforme utile.

La Chambre de 1876 a-t-elle compris son devoir ? A-t-elle essayé de réaliser ces améliorations que beaucoup de députés avaient promises, et à la promesse desquelles ils avaient dû leur succès ? A-t-elle laissé la France plus forte et plus prospère ? Quelle impulsion a-t-elle donnée à toutes les branches de l'activité nationale ? Par combien de réformes s'est signalé son passage aux affaires ? Quelles lois utiles montre-t-elle pour confondre ceux qui l'attaquent et lui reprochent la stérilité de sa courte et déjà trop longue carrière ?

Une revue rapide de son œuvre répondra à ces questions. Elle prouvera combien peu ces députés républicains méritent la reconnaissance du suffrage universel qu'ils sollicitent si bruyamment aujourd'hui.

II

Question sociale. Petite propriété.

Le premier point à examiner lorsqu'on étudie les actes d'une Chambre républicaine, c'est de rechercher ce qu'elle a fait pour le peuple, par quelles mesures s'est accusée sa préoccupation de la question sociale, comment elle s'y est prise pour donner satisfaction aux ouvriers dont l'esprit est toujours hanté par la perspective de transformations sociales, ou comment au contraire elle s'est efforcée de rassurer les conservateurs auxquels un antagonisme persistant inspire de légitimes angoisses.

Telle est la première tâche qui s'impose à des mandataires soucieux de respecter le vœu de leurs électeurs. Car, il n'y a pas à le dissimuler, quand le peuple accorde ses suffrages à la République, il n'est pas séduit par une théorie politique.

Il se préoccupe des questions qui le touchent plus directement. Améliorer son sort, diminuer les charges qui pèsent sur lui, transformer sa condition, voilà ce qui sollicite éternellement ses désirs.

Sur ce point la Chambre ne rapporte devant ses électeurs qu'un mince bagage et les quelques mesures proposées étaient incapables de satisfaire les aspirations des ouvriers, auxquelles les promesses des radicaux avaient ouvert un si vaste champ. Aussi le congrès ouvrier de 1876 les a-t-il traitées avec un suprême dédain, et en voyant avec quelle négligence et avec quel sans-gêne dérisoire les bourgeois députés traitaient les intérêts du prolétariat, il a pris la résolution de ne plus soutenir, aux élections, que de véritables hommes du peuple.

La Chambre ne s'est donc pas souciée

des ouvriers et ceux-ci doivent repousser des députés si négligents de leurs intérêts.

Nous ne cesserons de le répéter, car une telle conduite est la condamnation la plus éclatante des républicains, qui soutiennent être les vrais et les seuls défenseurs du peuple.

Un fait surtout sur lequel nous ne saurions trop éveiller l'attention aurait dû s'imposer à leurs regards vigilants : c'est le triste sort que nos lois fiscales réservent à la petite propriété. Ils ne pouvaient prétexter leur ignorance d'un aussi regrettable état de choses ; car les plaintes se retrouvent amères et fréquentes dans toutes les bouches. Les enquêtes agricoles les ont toujours exprimées. Depuis plus de trente ans elles retentissent bruyamment, et de tous côtés on signale l'insuffisance des mesures que de temps à autre l'évidence arrache aux gouvernants. Enfin, les avocats si nombreux au Parlement, ne devaient pas ignorer que dans les liquidations de succession on est profondément ému en voyant la fortune du pauvre absorbée par le fisc. En effet, le domaine que l'homme du peuple transmet à ses enfants après sa mort, ce petit lot de terre que l'agriculteur a constitué par une série d'efforts jamais interrompus, la loi le dévore au profit du Trésor et des officiers ministériels. Les héritiers ne recueillent souvent que les charges.

Ces faits désastreux n'avaient pas échappé à l'attention du gouvernement. Tous les ans, les ministres de la justice constatent officiellement que pour un certain nombre de ventes nécessitées par la mort du chef de famille, les frais dépassent le produit. La fortune est anéantie, et comme on l'a pu dire sans exagération : « ruinée par des formalités compliquées, superflues, ayant l'étrange prétention de la protéger, la petite propriété disparaît, engloutie tout entière dans le gouffre béant du greffe judiciaire. »

Enfin par une contradiction étrange, les sommes à verser au trésor s'élèvent à mesure que les fortunes deviennent plus modestes. C'est l'impôt progressif à rebours.

Tel est le mal. Il est manifeste. Qu'ont fait les députés pour y rémédier ? Rien.

Deux députés de la gauche, MM. Parent et Mayet, ont, il est vrai, déposé des propositions qui allégeaient les charges fiscales et diminuaient les formalités dans les ventes de peu d'importance.

De son côté, le garde des sceaux prenait l'initiative d'un projet de loi sur le même sujet.

Mais ces propositions sont demeurées sans résultat. Nos députés, occupés à guerroyer contre le fantôme du cléricalisme sont demeurés insensibles à ces misères.

Un gouvernement voisin nous a pourtant,

donné un exemple que nous ne saurions trop méditer. Un des premiers soins du ministère allemand, en prenant possession de l'Alsace-Lorraine, a été de faire disparaître ces lois désastreuses qui apportent un si puissant obstacle au développement de la fortune populaire. Ainsi il a suffi de quelques mois à l'Allemagne pour réaliser une amélioration dont les vœux unanimes des sociétés d'agriculture, les avis de je ne sais combien de commissions législatives, les rapports de tous les gardes des sceaux, ont depuis de longues années chez nous proclamé la nécessité.

Peu de faits accusent aussi vivement la difficulté que notre pays éprouve à opérer des réformes sérieuses sous la domination des républicains et inspirent à notre patriotisme des réflexions plus attristantes.

III

Agriculture et commerce.

Les 363 prétendent que la prospérité de la France est compromise, disent-ils, par la dissolution, et dépend de leur réélection. Ils parcourent les campagnes en affirmant leur dévouement à l'agriculture et ils osent dire aux commerçants qu'eux seuls sont préoccupés de leurs intérêts.

Que les paysans, que tous les hommes d'affaires, leur demandent comment s'est manifestée cette sollicitude ? Ceux-ci seront obligés de répondre qu'ils n'ont su voter aucune mesure efficace.

Pour obvier aux inconvénients maintes et maintes fois signalés, M. Cherpin a bien déposé un projet de loi qui, dans le compte des droits successoraux à payer, déduisait les dettes. Au lieu d'agir et de résoudre promptement une question maintenant éclaircie, le ministre républicain a constitué une commission extra-parlementaire qui ne peut rien trancher et recule jusqu'à des temps qu'on ne peut prévoir une solution que depuis trente ans au moins réclament avec énergie tous les agriculteurs.

Le commerce n'a pas à montrer beaucoup plus de reconnaissance envers la Chambre des députés. Pourtant ses vœux sont connus, et l'enquête entreprise par le ministère sur le commerce extérieur, les réponses autorisées des chambres de commerce traçaient tout naturellement la voie aux députés.

L'amélioration et l'achèvement des voies de communication sont des mesures qui sont réclamées avec le plus d'unanimité. De tous côtés on demande la prompte exécution des travaux dont l'utilité a été reconnue urgente.

Le commerce désire aussi vivement l'abaissement des taxes postales, et les chambres de commerce signalent cette mesure comme une des plus utiles à adopter. Ces vœux avaient été pris en considération par le ministre des finances, qui avait saisi la Chambre d'un projet de réforme pour l'année 1877. Sous prétexte de traiter la question d'une manière plus complète, la Chambre l'a ajournée.

Un point surtout s'imposait à l'attention des députés, c'est la triste situation de notre marine marchande. Il n'y a pas là seulement un intérêt matériel de premier ordre, mais la grandeur de notre pays est en jeu, car, peu à peu la puissance passe aux nations voisines et le drapeau français s'éloigne des contrées où il flottait si glorieusement autrefois.

« Du deuxième rang qu'elle occupa pendant quelque temps, dit M. Le Cesne dans le projet de loi qu'il soumit à l'examen de ses collègues, la marine française dut bientôt s'abaisser au troisième, où elle se soutint péniblement jusqu'en 1869. Puis alors, se laissant rapidement dépasser par la Norwége, l'Allemagne et l'Italie, elle descendit à la sixième place, qui est momentanément la sienne, en attendant un prochain recul trop clairement indiqué.

Il n'y avait pas à discuter longtemps avant de prendre une décision, car enquêtes sur enquêtes ont été faites, et le rapport de M. Dupuy de Lôme en 1870, les travaux de la commission de 1873, indiquaient aux députés quels remèdes appelait une situation aussi désastreuse. Les réformes se rattachaient à la fois à la jurisprudence, à la règlementation, à la fiscalité active et passive. Pour les examiner, une commission, il est vrai, a été nommée par la Chambre. Mais au moment de se séparer aucune mesure n'avait été prise.

La conclusion est donc toujours la même. Les députés ont passé en discussions stériles le temps que réclamaient les réformes sérieuses. Ils ont sacrifié l'intérêt du pays à de mesquines préoccupations de parti et d'intérêt personnel.

IV

Travaux publics.

La question des travaux publics mérite une attention spéciale. Là, mieux encore que sur les autres points, la physionomie de la Chambre se dessine avec un relief saisissant. L'impuissance radicale du gouvernement parlementaire, tel qu'il est aujourd'hui pratiqué, y apparaît avec éclat.

L'amélioration de nos ports a été maintes fois signalée comme absolument urgente, et l'achèvement des canaux a été aussi vivement réclamé que la construction de nouvelles voies ferrées.

En même temps la situation des lignes secondaires de chemin de fer qui, en présence d'un trafic insuffisant, succombaient sous le poids de leurs charges, appelait l'attention du ministre. Au mois d'août 1876, il déposait un projet portant approbation d'une convention intervenue entre la Compagnie d'Orléans et la Compagnie dés Charentes et sanction du rachat par la Compagnie d'Orléans de différentes lignes appartenant aux Compagnies de la Vendée, Saint-Nazaire au Croisic, Bressuire à Poitiers, Poitiers à Saumur et une partie du réseau d'Orléans à Rouen.

Le rapport, rédigé par M. Richard Waddington, fut seulement achevé au mois de février. Après tant de mois écoulés depuis le dépôt du projet, on aurait peut-être cru qu'il aboutissait à une résolution définitive. Non ; il proposait le rejet de la convention et rapportait les avis exprimés dans la commission qui était fortement divisée. La minorité demandait au ministère de négocier une nouvelle convention. La majorité rejetait toute convention et proposait, soit le rachat pour le compte de l'État, soit l'exploitation par Compagnies fermières, soit la construction de réseaux indépendants. Aucune solution pratique n'était soumise au vote de la Chambre.

La discussion y présenta le même caractère. Tous ces projets furent repris, et les orateurs, dans de prolixes harangues, soutinrent les solutions les plus diverses. Les grandes Compagnies furent durement traitées, et le parti révolutionnaire demanda la remise aux mains de l'État des lignes qu'avait entreprises l'initiative individuelle. Mais les critiques et les théories irréalisables n'éclairaient pas beaucoup la Chambre, et la solution du problème n'avançait pas.

Après un débat confus, au moment où M. Christophle, ministre des travaux publics, suppliait en vain les députés d'introduire un peu de clarté dans leurs délibérations, la Chambre n'adopta aucune décision. Elle prit en considération l'amendement Allain-Targé, qui concluait à une nouvelle étude, c'est-à-dire à une nouvelle perte de temps. Cet amendement préconisait ensuite les mesures les plus révolutionnaires, telles que rachat de lignes dans des conditions autres que celles prévues dans les contrats des Compagnies, mainmise par l'État sur les tarifs et le trafic des Compagnies, droit donné à l'État d'imposer aux Compagnies ayant le réseau d'une région toute ligne nouvelle.

Enfin, une dernière disposition couronnait cette œuvre : si la Compagnie d'Orléans refusait de traiter sur ces bases, l'État devait créer et exploiter un septième grand réseau destiné à ruiner la Compagnie rebelle dont les républicains veulent absolument avoir raison. Seulement les députés avaient sans doute oublié que l'État s'était engagé par une garantie d'intérêts vis-à-vis de la maudite Compagnie. En dimi-

nuant son revenu, ils portaient un coup
terrible au Trésor, obligé de tenir ses
engagements.

Tel était le résultat auquel arrivait la
Chambre. Après six mois d'études, huit
jours de discussion, je ne sais combien de
longs discours, elle émettait ce vœu intel-
ligent que l'État se fît concurrence à lui-
même et travaillât à grever son budget de
nouvelles charges !

Tout le monde fut néanmoins satisfait:
le ministre de n'avoir pas été plus battu,
les partisans des grandes Compagnies
d'avoir rencontré des ennemis si mala-
droits, leurs adversaires d'avoir remporté
un semblant de succès. Seuls pouvaient se
plaindre les intérêts de la France qui res-
taient en suspens, et les imprudents ac-
tionnaires et obligataires des petites Compagnies qui sont déclarées en faillite l'une
après l'autre.

Le 1er avril, en effet, la Compagnie de la
Vendée informait le ministre des travaux
publics que le 4 juin elle se déciderait à
suspendre les travaux de construction de
la ligne de Tours à Montluçon.

Toutefois, l'incapacité de la Chambre
était encore destinée à se surpasser. Au
mois d'août 1876, le ministre des travaux
publics avait déposé un projet de loi portant concession d'un chemin de fer de Sens
à Don et à Armentières, et de Valenciennes

au Cateau. Plusieurs fois la discussion en fut réclamée, et un député du Nord, appartenant à la gauche, M. Legrand, avait avec chaleur réclamé une prompte solution. Le jour où la Chambre se séparait, la mise à l'ordre du jour fut encore demandée. Le ministre insista. M. Legrand, qui n'aurait pas dû être suspect à ses collègues, appuya sa demande. Mais ce fut en vain. Les députés refusèrent satisfaction au pouvoir. Ils se vengèrent sur le dos du pays du ministre qu'ils combattaient.

En présence de l'inertie et du mauvais vouloir du pouvoir législatif, le gouvernement prit alors une louable initiative. Usant d'un droit qui lui appartenait, il émit des obligations destinées en partie à la construction de quelques tronçons de voies ferrées.

Tel est le bilan de la Chambre en matière de travaux publics. La France a à lutter contre une terrible concurrence des nations voisines. Les vœux unanimes et autorisés du commerce signalent cette inquiétante situation aux représentants. Ils indiquent les remèdes, ils montrent combien il est urgent d'entreprendre résolument ce combat pacifique. Mais lesdéputés ne se laissent pas émouvoir. Dominés par le désir d'imposer une volonté qu'ils croient souveraine, ils s'absorbent dans les discussions politiques. Perdus par l'habitude de l'opposition, ils sont dans l'impuissance quand il faut agir. Incapables, inexpérimentés, ignorants, ils ne savent comment aborder les questions sérieuses.

Ils parlent, ils discutent, ils s'agitent. Quelle mesure utile sort de leurs confus et inutiles débats? Aucune.

Ils émettent des votes ridicules, et c'est le ministère du 16 mai qui a suppléé à la négligence coupable des députés.

Que nul ne l'oublie le jour des élections !

V

Les finances.

Pour tout électeur qui aura considéré l'œuvre des députés républicains en matière financière, il n'y aura plus d'hésitation à repousser des représentants aussi incapables et aussi négligents du plus essentiel de leur devoir.

Les charges qui pèsent sur le contribuable sont tout aussi fortes, et loin d'être diminués, les budgets deviennent plus lourds.

Et pourtant si les députés s'étaient décidés à faire sérieusement et simplement les affaires du pays, ils auraient pu exercer sur le budget une influence efficace et heureuse.

La situation financière de la France appelle, en effet, une sérieuse attention; car, un peu trop éblouis par la rapidité avec laquelle nous avons payé d'énormes dettes, nous ne songeons pas assez aux formidables charges qui pèsent sur nous.

Nos budgets suivent une proportion croissante que nul n'arrête, mais que tout le monde contribue plutôt à augmenter. Ainsi, le budget de 1877 est de 165 millions 142,000 francs de plus que le budget de 1876 voté par l'Assemblée nationale, et le budget de 1878 va encore être augmenté de 49 millions.

C'est avec la plus grande peine que le ministre est arrivé à équilibrer les recettes et les dépenses. M. Léon Say, ministre, a avoué à la Chambre, dans son discours du 8 décembre 1876 que si les finances continuaient à être conduites de cette façon, l'État se trouverait en présence d'un déficit.

L'inexpérience et la légèreté des députés rendent la balance du budget difficile à maintenir, et empêchent toute diminution d'impôts. Car ils ont souvent voté des lois sans se préoccuper des dépenses que leur exécution pourrait entraîner dans la suite.

Après les dépenses générales payées par l'État viennent les dépenses mises à la charge des départements et des communes, et depuis quelque temps ces dépenses s'accroissent de façon à épuiser encore la bourse des contribuables.

Enfin, en dehors des sommes inscrites au budget ordinaire, l'État a à faire face à des échéances annuelles, comme à celles du comité de liquidation, qui s'élèvent par an à plus de 300 millions.

Telle est donc la situation des finances publiques. Des budgets sans cesse augmentés, des centimes communaux et départementaux menaçant de tarir la source à laquelle puise l'État, des charges effrayantes à inscrire en dehors des dettes ordinaires, des lois nouvelles entraînant des dépenses imprévues et de nouveaux impôts.

En présence de cet état de choses il n'y avait, pour une Chambre soucieuse des intérêts du pays, que trois partis entre lesquels elle aurait dû choisir : ou les députés auxquels revient la tâche de surveiller les dépenses publiques, auraient mis de côté les projets d'amélioration fiscale, et refusant toute demande de crédit nouveau, ne se seraient attachés qu'à réduire les dépenses au plus strict minimum ; ou bien, profitant de ce que la solution de la question gouvernementale permettait d'écarter les discussions politiques, ils auraient étudié un remaniement des impôts. Un troisième parti restait à prendre : se contenter, pour le budget de 1877, d'un examen sérieux, mais rapide, et concentrer tous ses efforts à l'amélioration du budget de 1878.

Ni l'un ni l'autre de ces sages partis ne plurent à nos représentants. Ils étaient trop avides de popularité, ils avaient fait trop de promesses imprudentes pour ne pas proposer de nouvelles dépenses. Leur ignorance des questions financières, leur manque d'esprit de suite, les empêchèrent de se consacrer à une étude approfondie de notre système fiscal. Enfin, ils ne songeaient pas au troisième parti que nous avons signalé. C'eût été retarder l'éclosion des idées mal digérées qu'ils étaient heureux d'affirmer. Ils ne voulaient sacrifier aucune de leurs prétentions.

La commission du budjet a été nommée avec fracas. Au lieu d'y appeler des hommes compétents, on la composa presque uniquement de républicains dont les convictions devaient suppléer à la science. Le président fut choisi parmi les plus purs.

Ce fut M. Gambetta, l'homme de la guerre à outrance, qui, dans un intérêt de parti, a causé tant de maux à notre pays. Mu par l'intérêt personnel, il a prolongé une lutte inutile et son incapacité a amené les plus sanglants désastres dans lesquels des milliers de français ont trouvé la mort. S'il a réussi à faire ses affaires, il a du moins bien prouvé qu'il n'entendait rien aux nôtres.

En Angleterre, un usage très-ingénieux interdit aux du Parlement de proposer a n crédit ouveau. Chargés de défendre les intérêts des contribuables, leur rôle est d'empêcher que leurs dépenses ne soient trop élevées. En France, il n'en est pas de même. Chaque député propose des dépenses nouvelles qui souvent compromettent un équilibre difficilement obtenu. Ils votent, sans s'inquiéter des ressources et des moyens, des lois qui grèvent l'avenir, et ainsi toute économie sérieuse devient impossible.

Au lieu de songer à réduire les dépenses, la Chambre a augmenté, dans des proportions considérables, les chiffres de plusieurs ministères. Se décidait-elle à réaliser quelques économies, elle les faisait porter ou sur les dépenses utiles, ou sur des travaux indispensables. Ainsi, pour ne citer qu'un exemple de son intelligence, elle réduisait sur le budget des cultes, le crédit affecté aux édifices diocésains, c'est-à-dire qu'elle empêchait l'État d'entretenir ses propriétés et privait les ouvriers de travaux sur lesquels ils comptaient.

Quant à remanier nos impôts et à diminuer ceux qui entravent l'essor de notre industrie, c'était exiger de ces pauvres députés, un effort trop au-dessus de leur mérite. Ce ne sont pas cependant les projets qui ont manqué. M. Menier, a renouvelé l'exposé du système qu'il a imaginé, l'impôt sur le capital. MM. Gambetta et Rouvier se sont déclarés partisans de l'impôt sur le revenu.

M. Gambetta voulut diminuer les impôts de consommation et surtout réduire les droits sur le commerce en gros et en détail des vins et des alcools, pour augmenter en revanche le produit des impôts directs c'est-à-dire de ceux qui pèsent sur la terre et l'agriculture. Il se proposait par là d'arrêter les progrès du renchérissement et de faire revenir le temps de la vie à bon marché. Mais cette idée n'est pas mieux conçue que ses plans pendant la guerre. Car, malgré la diminution des impôts de consommation, il est évident que toute nouvelle charge sur les terrres et sur les maisons doit avoir pour conséquence le renchérissement des denrées et la hausse du prix des loyers.

Les autres plans étaient à la hauteur de cette détestable combinaison. Le remaniement de nos impôts est encore à l'étude.

Enfin, incapables de réaliser aucune économie intelligente, incapables de transformer heureusement notre organisation financière, nos députés n'ont même pas su régulariser la situation budgétaire ou discuter sérieusement le budget. Ces deux premières tâches qui s'imposaient à eux, ils ne les ont pas accomplies.

Le budget a été voté avec légèreté, sans discussion sérieuse, et, au moment de la dissolution, ils ont refusé au gouvernement le simple vote des contributions directes, vote qui n'est qu'une formalité puisque les contributions avaient été proposées par le ministère précédent, et qu'en réalité ces dispositions subissent rarement quelques modifications.

Leur conduite le prouve, avec une irrésistible évidence, le vote du budget n'a été, aux yeux des députés, qu'un moyen de tenir le pouvoir en échec. L'année dernière, ils ont retardé son adoption, sans se demander si les deux Chambres auraient encore le temps de se livrer à une discussion sérieuse. Leur but était d'empêcher le Sénat d'affirmer ses droits et d'exercer sur le ministère une pression décisive. Cette année la même tactique a été renouvelée. Avant, l'intérêt du pays, les rancunes politiques.

Impuissance et incohérence, telle a été l'attitude de la Chambre en matière financière. Elle n'a pris aucune mesure utile. Aucune grande idée n'a présidé à ses travaux. Elle n'a su ni concevoir un plan, ni préparer un meilleur budget. Elle s'est agitée dans le vide. De son côté, le gouvernement, effaré, tremblant, devant le pouvoir parlementaire, a laissé ce dernier usurper un rôle qui ne lui appartenait pas et troubler un ordre établi avec peine.

Qu'on y réfléchisse pourtant ! Nous sommes en présence de charges formidables, et si d'inquiétantes complications survenaient, nos dépenses déjà si exagérées finiraient par amoindrir les sources de la richesse nationale.

Toujours nous aboutissons à la même conclusion.

Aucune œuvre utile n'a été préparée par les députés. L'intérêt des électeurs est de repousser des politiques qui ont si mal conduit les finances du pays.

Les républicains ont-ils diminué les charges qui pèsent sur les contribuables ? Non. Cela seul suffit pour les faire condamner par le suffrage universel.

VI

L'armée.

Lorsque l'Assemblée nationale s'était réunie le lendemain de nos malheurs, elle dut tout d'abord porter ses regards sur la réorganisation de nos forces militaires. Pour être accomplie, cette tâche demandait beaucoup de bonne volonté, de patriotisme. L'Assemblée s'y employa avec une grande fermeté et en dehors de tout esprit de parti. Elle ne put cependant mener cette œuvre jusqu'au bout. Les incidents tourmentés de la vie politique, le vote de la Constitution, les longues discussions sur les impôts, le budget à équilibrer, l'empêchaient de consacrer à cette partie de ses travaux tout le temps que les députés se montraient désireux d'y donner. Mais la grande commission de l'armée travailla avec zèle, et jamais les rapporteurs du budjet ne songèrent à entraver l'action légitime du ministre de la guerre.

Deux lois importantes sortirent de ces délibérations : la loi sur le recrutement introduisant en France le service obligatoire et appelant dans les rangs riches et pauvres, et la loi divisant l'armée en corps fixes, possédant tout ce qui leur était nécessaire.

La Chambre des députés avait donc à compléter cette œuvre en s'inspirant de l'excellent esprit qui avait animé sa devancière.

Au lieu de cela, la Chambre a touché à tout sans prendre aucune résolution utile.

Les discussions militaires n'ont été le plus souvent pour les députés que le moyen d'abattre un ministre de la guerre dans lequel ils soupçonnaient un adversaire politique. Enfin, en manquant à la plus élementaire prudence qui commandait de laisser à l'expérience le soin de démontrer les inconvénients de notre nouvelle organisation, ils remirent en question tout ce qui avait été décidé.

En un mot tout ce qui était utile, la Chambre n'a pas su ou voulu le faire, et elle a, au contraire, adopté la conduite que l'intérêt du pays lui interdisait de suivre.

L'énumération des lois qu'elle a votées sera courte. Il n'y en a qu'une seule, la loi sur les réquisitions militaires. Le sujet était trop aride pour occuper longtemps nos représentants, si peu aptes à traiter sérieusement les questions d'affaires.

Mais, en revanche on a, comme toujours, nommé des commissions, qui ont beaucoup parlé, beaucoup discuté et, en fin de compte, ont laissé les jours s'écouler sans qu'au 16 mai elles eussent terminé leur œuvre. Tel a été le sort réservé aux propositions sur les sous-officiers. MM. Keller, Raoul Duval et le baron de Bourgoing, et d'autres avaient cependant déposé des projets dont quelques-uns, sérieusement étudiés, auraient pu servir de base aux travaux de la commission.

Pendant que restait sans solution une question que la plupart des hommes compétants regarderaient comme une des plus graves de toutes, M. Laisant, au nom d'un grand nombre de ses collègues républicains en quête de popularité, remettait en question la durée du service militaire.

Un des leurs ne craignit pas de dire à ce propos :

« Le danger ne nous semble plus être du fait des hommes de tradition, mais venir plutôt du zèle intempérant des novateurs. Chaque jour voit naître quelque nouvelle motion de réforme qui remet en question une partie de ce qui a été obtenu ; et, au milieu de ces fluctuations continuelles de l'inspiration législative, l'ensemble de l'organisation ne saurait s'affermir, ni le détail se perfectionner.

« Un symtôme grave, selon nous, c'est que l'on en soit venu a invoquer maintenant pour l'opinion publique le droit de régler, non plus seulement, le régime politique sous lequel la société française préfère vivre chez elle, mais encore les conditions propres à assurer l'indépendance et la grandeur de la nation au milieu des nations rivales...

« ... Car l'opinion est de sa nature changeante, imprévoyante, irresponsable, et, s'il fallait ici la prendre pour guide, on pourrait arriver, de réformes en réformes, à ruiner notre organisation militaire, sous prétexte de la mettre en harmonie parfaite avec le milieu démocratique où nous vivons. Or, c'est là ce qu'une génération n'a pas le droit de faire... »

Au moins le ministre de la guerre a-t-il eu le loisir de donner tous ses soins à son département ! La Chambre a-t-elle mis un noble empressement à seconder ses efforts ? Non, les députés l'ont taquiné, harcelé de questions, accablé de mises en demeure. A tout propos, dans les discussions publiques comme au sein des commissions, ils ont empiété sur les droits du pouvoir exécutif.

La commission du budget surtout a eu le monopole des discussions oiseuses, et au lieu d'apporter dans l'examen des chiffres du ministère de la guerre un esprit de contrôle sérieux, le rapporteur, M. Langlois, s'est livré à de vives critiques. Désireux de faire étalage de connaissances militaires, il a semblé vouloir tout améliorer, et, après être descendu dans les plus minutieux détails, il n'a su trouver que quelques économies fictives.

Jamais, du reste, la commission n'est restée dans sa sphère, et elle a toujours essayé d'entraver la solution des questions qu'il appartenait au pouvoir exécutif de résoudre. De mesquines rancunes ont dicté beaucoup de ses votes. Ainsi elle a supprimé le poste d'historiographe du ministère de la guerre, parce que celui qui remplissait ce poste avait dans un livre célèbre démoli la légende des volontaires de 1792. Il n'était pas permis à l'histoire d'avoir raison contre l'intérêt du parti. La commission et la Chambre avec elle discutèrent ensuite avec passion le prix de la viande, la dimension des pantalons. Elles eurent la prétention de fixer, d'une manière définitive, le tarif des vivres : question dont nous ne nions pas l'importance, mais que le pouvoir exécutif est seul en mesure de trancher.

Telle a donc été l'œuvre militaire de la Chambre, et c'est devant cette insuffisance, devant cette agitation inutile et dangereuse, compromettante pour la paix et la sécurité du pays, que nous comprenons le peu de popularité que sait acquérir dans notre pays le régime parlementaire.

C'est ainsi que la sécurité même de la France est menacée par les représentants républicains.

VII

L'instruction publique.

Quels services les députés ont-ils rendu à la cause de l'Instruction? Ils s'en disent bien les chaleureux amis et l'école républicaine a depuis quelques années bruyamment retourné ses efforts de ce côté: un essor vigoureux donné à l'enseignement primaire a été proclamé par elle la voie la plus sûre de perfectionner la société et de relever la France.

Mais ces merveilleuses vertus que recèle l'instruction primaire ne peuvent être réalisées qu'à une triple condition. Il faut: 1° que l'instruction soit obligatoire; 2° que le père soit tenu d'envoyer son fils aux établissements scolaires de l'Etat; 3° qu'on ne parle ni de Dieu ni de religion dans les écoles, et que toutes les charges de ce service soient supportées par l'État. Ainsi le budget écrasé sous de lourds fardeaux sera encore grevé d'une nouvelle dette destinée à venir en aide aux riches aussi bien qu'aux pauvres.

Telles sont les idées que le parti républicain inscrit en tête de son programme. Leur réalisation est la première tâche qui s'impose à lui. On s'attendait donc en cette occasion à lui voir déployer le plus grand zèle et la plus grande ardeur au travail. Mais nos députés ne se sont pas montrés plus féconds et plus laborieux sur ce point que sur les autres.

L'esprit qui inspirait la Chambre se manifesta du reste dès les premiers jours de sa réunion. Le sujet sur lequel elle se jeta avec le plus de précipitation fut l'abrogation de la loi du 12 juillet 1875, qui accordait dans une certaine mesure la liberté de l'enseignement supérieur. L'enseignement primaire n'était pourtant nullement intéressé dans cette question. La solution proposée n'apportait aucune amélioration au sort des instituteurs. Mais il suffisait que les catholiques profitassent de la loi pour que, toute affaire cessante, les députés s'empressassent de la faire disparaître.

Enfin l'ardeur avec laquelle les radicaux condamnaient une loi libérale était le plus grand aveu que jamais hommes politiques aient fait de leur impuissance. Car, lorsqu'un parti redoute à ce point la liberté et signale la concurrence comme désastreuse, il avoue qu'il se sent incapable de soutenir la lutte. Que ce parti soit celui qui, prétendu chevalier des libertés déniées, se soit posé comme redresseur de tous les droits, il révèle ainsi le secret de son attitude. Il montre que ses déclarations libérales n'étaient qu'un masque, et

que derrière ces belles paroles il n'y avait
que le vulgaire désir de parvenir au pouvoir. Chaque ligne de cette étude le prouve.
Quand le radicalisme n'ose être dangereux,
il ne sait que se débattre dans une ridicule
impuissance !

Quant à l'instruction primaire, l'intérêt
du pays conseillait de ne pas se lancer
dans des innovations trop onéreuses, surtout de ne pas nuire aux corporations
enseignantes, et de ne pas jeter des dou-
tes sur leur avenir. Leur enseignement
coûte moins cher à l'État ; leur instruction
est excellente, et tous les concours pro-
clament l'excellence de leur méthode.
Mais, pour récompenser ces généreux efforts, la Chambre entendait complaisam-
ment les fausses dénonciations apportées à
la tribune, sur la foi de témoins menson-
gers. Elle les discutait dans de bruyantes
interpellations, et, loin de les combattre,
le ministre ne dédaignait pas d'écouter les
remontrances des députés. En découra-
geant par leur hostilité d'aussi utiles ser-
viteurs de leur pays, les uns et les autres
portaient un grave préjudice à la cause
qu'ils prétendaient défendre.

Les députés, du reste, n'étaient guidés
que par un désir : abattre l'enseignement
catholique qu'ils redoutaient. Eussent-ils
encore pris des mesures plus utiles et plus
intelligentes, que ces préjugés et ces atta-
ques inconsidérées n'eussent pas moins
rendu leur cause dangereuse et stérile.

Ils ne peuvent même prétendre qu'ils ont eu souci des intérêts populaires. En face d'un budget aussi lourd que le nôtre, il est insensé de songer à la gratuité de l'enseignement, c'est-à-dire à faire payer par tous les citoyens l'éducation des enfants aisés.

Peut-être, du reste, toutes les propositions qui ont été émises, étaient-elles faites pour la galerie.

VIII

Résumé et conclusion.

Si nous voulons résumer l'œuvre de la Chambre, à quelque point de vue que nous nous placions, nous arriverons à la même et inévitable conclusion. Elle a perdu en vaines discussions le temps que réclamaient les affaires du pays.

Elle ne s'est pas souciée du peuple qu'elle prétendait défendre. Les améliorations sociales que les ouvriers attendaient des radicaux toujours si prompts à les promettre ne l'ont pas un seul instant préoccupée, et le degrèvement de la petite propriété, écrasée par nos lois fiscales, n'a pas été jugé digne d'attirer son attention.

Pour répondre aux vœux de l'agriculture consignés dans les enquêtes, elle n'a rien fait.

Devant les réclamations unanimes qui constataient l'abaissement de notre marine marchande, elle n'a su que nommer une commissson et n'a pris aucune décision.

Nous avons tenu à le constater, en matière de travaux publics, elle a essayé de montrer plus de bonne volonté, elle a parlé pendant huit jours pour aboutir à un vote ridicule.

En présence d'un budget sans cesse augmenté, nos députés n'ont vu que le moyen de tenir en échec un pouvoir qu'ils avaient la prétention de dominer. Ils ont été aussi incapables de remanier les impôts que d'entrer dans la voie des économies. Peu soucieux des questions les plus graves, ils n'ont pas avancé l'œuvre si nécessaire de notre réorganisation militaire. Enfin, mus par un déplorable esprit d'irréligion, ils ont déclaré à l'enseignement congréganiste une guerre injuste, comme ils ont suivi à l'égard du clergé une politique que condamnaient à la fois l'équité et l'expérience.

Leur passage aux affaires a donc été absolument stérile. Ils ne peuvent apporter devant leurs électeurs qui vont les juger aucune loi sérieuse attestant leurs préoccupations patriotiques. Tout prouve qu'ils n'ont pas même songé à porter remède aux maux qui affligent notre pays.

Pour apprécier la valeur de cette Chambre, il n'y a du reste qu'à parcourir le compte rendu de ses séances. Quel talent s'est révélé ? Quel homme remarquable par ses facultés oratoires ou son aptitude aux affaires est sorti du mouvement républicain ? Quels débats l'histoire retiendra-t-elle de ce Parlement inutile ? Il a remplacé la discussion par l'injure et le discours par l'apostrophe. Telle était l'urbanité avec laquelle s'exprimaient les représentants que le *Journal officiel* était presque toujours obligé d'atténuer la grossièreté des interruptions.

Qu'on ne croie pas que nos députés, fussent plus aptes aux travaux sérieux ! Souvent les commissions ne pouvaient se réunir parce que leurs membres n'avaient pas jugé à propos de se déranger. Elle était aussi pauvre en hommes d'affaires qu'en orateurs.

La Chambre ne mérite que le juste dédain des électeurs. Radicaux comme conservateurs peuvent s'entendre pour la condamner, et nous ne voyons pas quel parti souscrira aux éloges intéressés de son président M. Grévy qui a cru devoir déclarer qu'elle avait bien mérité de la patrie et de la République. Les radicaux reprocheront aux députés d'avoir oublié les promesses dont la veille de l'élection ils s'étaient montrés si prodigues. Les conservateurs ne leur pardonneront pas leur esprit taquin et impuissant. Quant aux républicains modérés et sincères, sauront-ils gré aux élus de 1876 d'avoir par leurs fautes compromis l'idée républicaine ?

Mais il y a parmis nous une immense majorité à laquelle les questions de parti demeurent étrangères. Les travailleurs modestes, réduits à gagner laborieusement leur pain, ne se passionnent pas pour les discussions politiques. Ils sont ardemment dévoués à la France et applaudissent tout gouvernement qui procure à leur chère patrie la grandeur et la prospérité.

C'est auprès de ces patriotes convaincus surtout que la Chambre trouvera un accueil sévère, car elle n'a rien fait pour la France, cette Chambre qui a commencé par de scandaleuses invalidations et a fini par refuser le budget. Son premier acte a été de donner libre cours à ses rancunes, au mépris de la justice et de la volonté des électeurs. Sa dernière œuvre encore a été de retarder un vote nécessaire, ce qui a pu satisfaire les rancunes du parti, mais compromettait gravement l'intérêt du pays.

Le devoir des électeurs est donc tout tracé, aucune hésitation, aucun doute ne doivent les arrêter.

Qu'ils rejettent résolument ces représentants incapables, inexpérimentés et impuissants! la majorité républicaine de la Chambre compromettait la France par sa politique dangereuse.

Qu'à la place des 363, le suffrage universel nomme les candidats que la voix patriotique du Maréchal a ° désignés.

Le salut du pa   le souci de ses propres intérêts l'exige

9 782014 044119